Copyright © 2021 par Joe mars

Tous droits réservés. Aucune partie de cette publication ne peut être reproduite, distribuée ou transmise sous quelque forme ou par quelque moyen que ce soit, y compris la photocopie, l'enregistrement ou d'autres méthodes électroniques ou mécaniques, sans l'autorisation écrite préalable de l'éditeur, sauf dans le cas de brèves citations incorporées dans des critiques et de certaines autres utilisations non commerciales autorisées par la loi sur le droit d'auteur.

Ce livre appartient à :

_____

N'oubliez pas votre masque,

nous avons encore besoin de

votre art

Projet N° :   Date : _____

Oeuvre :   plateau ☐   bijoux ☐   autre : _____

Ravitaillement : _____
_____

Marque de résine : _____

Rapport de mélange : _____   A : _____   B : _____

Dimensions du projet :   Epaisseur : _____

longueur : _____   Largeur : _____   (diamètre) : _____

Le volume de mon projet : _____

La quantité de résine dont vous aurez besoin : _____

Ce que j'ai fait avec le projet fini :

vendu ☐   gardé ☐   Cadeau ☐

Client : _____   Prix : _____

Notation : ☆ ☆ ☆ ☆ ☆

Conseils : _____
_____
_____

Attachez l'image ici

Notes :

Projet N° : Date : _____

Oeuvre : plateau ☐ bijoux ☐ autre : _____

Ravitaillement : _____

_____

Marque de résine : _____

Rapport de mélange : _____   A : ......   B : ......

Dimensions du projet :   Epaisseur : ......

longueur : ......   Largeur : ......   (diamètre) : ......

Le volume de mon projet : _____

La quantité de résine dont vous aurez besoin : _____

Ce que j'ai fait avec le projet fini :

vendu ☐   gardé ☐   Cadeau ☐

Client : _____   Prix : _____

Notation : ☆ ☆ ☆ ☆ ☆

Conseils : _____
_____
_____

Attachez l'image ici

Notes :

Projet N° : Date : _____

Oeuvre :
plateau ☐   bijoux ☐   autre : _____

Ravitaillement : _____

Marque de résine : _____

Rapport de mélange : _____   A : ......   B : ......

Dimensions du projet :   Epaisseur : ......

longueur : ......   Largeur : ......   (diamètre) : ......

Le volume de mon projet : _____

La quantité de résine dont vous aurez besoin : _____

Ce que j'ai fait avec le projet fini :

vendu ☐   gardé ☐   Cadeau ☐

Client : _____   Prix : _____

Notation : ☆ ☆ ☆ ☆ ☆

Conseils : _____

Attachez l'image ici

Notes :

Projet N° : ⬚   Date : _____

Oeuvre :   plateau ☐   bijoux ☐   autre : _____

Ravitaillement : _____

_____

Marque de résine : _____

Rapport de mélange : _____   A : ......   B : ......

Dimensions du projet :   Epaisseur : ......

longueur : ......   Largeur : ......   (diamètre) : ......

Le volume de mon projet : _____

La quantité de résine dont vous aurez besoin : _____

Ce que j'ai fait avec le projet fini :

vendu ☐   gardé ☐   Cadeau ☐

Client : _____   Prix : _____

Notation : ☆ ☆ ☆ ☆ ☆

Conseils : _____

_____

_____

Attachez l'image ici

Notes :

Projet N° :   Date : _____

Oeuvre :   plateau ☐   bijoux ☐   autre : _____

Ravitaillement : _____

_____

Marque de résine : _____

Rapport de mélange : _____   A : ......   B : ......

Dimensions du projet :   Epaisseur : ......

longueur : ......   Largeur : ......   (diamètre) : ......

Le volume de mon projet : _____

La quantité de résine dont vous aurez besoin : _____

Ce que j'ai fait avec le projet fini :

vendu ☐   gardé ☐   Cadeau ☐

Client : _____   Prix : _____

Notation : ☆ ☆ ☆ ☆ ☆

Conseils : _____

_____

_____

Attachez l'image ici

Notes :

Projet N° :   Date : _____

Oeuvre :   plateau ☐   bijoux ☐   autre : _____

Ravitaillement : _____

_____

Marque de résine : _____

Rapport de mélange : _____   A : ....   B : ....

Dimensions du projet :   Epaisseur : ....

longueur : ....   Largeur : ....   (diamètre) : ....

Le volume de mon projet : _____

La quantité de résine dont vous aurez besoin : _____

Ce que j'ai fait avec le projet fini :

vendu ☐   gardé ☐   Cadeau ☐

Client : _____   Prix : _____

Notation : ☆ ☆ ☆ ☆ ☆

Conseils : _____

_____

_____

Attachez l'image ici

Notes :

Projet N° :   Date : _____

Oeuvre :
   plateau ☐   bijoux ☐   autre : _____

Ravitaillement : _____

_____

Marque de résine : _____

Rapport de mélange : _____   A : ......   B : ......

Dimensions du projet :   Epaisseur : ......

longueur : ......   Largeur : ......   (diamètre) : ......

Le volume de mon projet : _____

La quantité de résine dont vous aurez besoin : _____

Ce que j'ai fait avec le projet fini :

vendu ☐   gardé ☐   Cadeau ☐

Client : _____   Prix : _____

Notation : ☆ ☆ ☆ ☆ ☆

Conseils : _____
_____
_____

Attachez l'image ici

Notes :

Projet N° :   Date : _____

Oeuvre :   plateau ☐   bijoux ☐   autre : _____

Ravitaillement : _____

Marque de résine : _____

Rapport de mélange : _____   A : ....   B : ....

Dimensions du projet :   Epaisseur : ....

longueur : ....   Largeur : ....   (diamètre) : ....

Le volume de mon projet : _____

La quantité de résine dont vous aurez besoin : _____

Ce que j'ai fait avec le projet fini :

vendu ☐   gardé ☐   Cadeau ☐

Client : _____   Prix : _____

Notation : ☆ ☆ ☆ ☆ ☆

Conseils : _____
_____
_____

Attachez l'image ici

Notes :

Projet N° : Date : _____

Oeuvre :
   plateau ☐   bijoux ☐   autre : _____

Ravitaillement : _____

Marque de résine : _____

Rapport de mélange : _____   A : ......   B : ......

Dimensions du projet :   Epaisseur : ......

longueur : ......   Largeur : ......   (diamètre) : ......

Le volume de mon projet : _____

La quantité de résine dont vous aurez besoin : _____

Ce que j'ai fait avec le projet fini :

vendu ☐   gardé ☐   Cadeau ☐

Client : _____   Prix : _____

Notation : ☆ ☆ ☆ ☆ ☆

Conseils : _____
_____
_____

Attachez l'image ici

Notes :

Projet N° :   Date : _____

Oeuvre :   plateau ☐   bijoux ☐   autre : _____

Ravitaillement : _____

_____

Marque de résine : _____

Rapport de mélange : _____   A : ......   B : ......

Dimensions du projet :   Épaisseur : ....

longueur : ....   Largeur : ....   (diamètre) : ....

Le volume de mon projet : _____

La quantité de résine dont vous aurez besoin : _____

Ce que j'ai fait avec le projet fini :

vendu ☐   gardé ☐   Cadeau ☐

Client : _____   Prix : _____

Notation : ☆ ☆ ☆ ☆ ☆

Conseils : _____

_____

_____

Attachez l'image ici

Notes :

Projet N° :   Date : _____

Oeuvre :   plateau ☐   bijoux ☐   autre : _____

Ravitaillement : _____

_____

Marque de résine : _____

Rapport de mélange : _____   A : ....   B : ....

Dimensions du projet :   Epaisseur : ....

longueur : ....   Largeur : ....   (diamètre) : ....

Le volume de mon projet : _____

La quantité de résine dont vous aurez besoin : _____

Ce que j'ai fait avec le projet fini :

vendu ☐   gardé ☐   Cadeau ☐

Client : _____   Prix : _____

Notation : ☆ ☆ ☆ ☆ ☆

Conseils : _____

_____

_____

Attachez l'image ici

Notes :

Projet N° : Date : _____

Oeuvre :   plateau ☐   bijoux ☐   autre : _____

Ravitaillement : _____

_____

Marque de résine : _____

Rapport de mélange : _____   A : ……   B : ……

Dimensions du projet :   Epaisseur : ……

longueur : ……   Largeur : ……   (diamètre) : ……

Le volume de mon projet : _____

La quantité de résine dont vous aurez besoin : _____

Ce que j'ai fait avec le projet fini :

vendu ☐   gardé ☐   Cadeau ☐

Client : _____   Prix : _____

Notation : ☆ ☆ ☆ ☆ ☆

Conseils : _____

_____

_____

Attachez l'image ici

Notes :

Projet N° :   Date : _____

Oeuvre :   plateau ☐   bijoux ☐   autre : _____

Ravitaillement : _____

Marque de résine : _____

Rapport de mélange : _____   A : ......   B : ......

Dimensions du projet :   Epaisseur : ......

longueur : ......   Largeur : ......   (diamètre) : ......

Le volume de mon projet : _____

La quantité de résine dont vous aurez besoin : _____

Ce que j'ai fait avec le projet fini :

vendu ☐   gardé ☐   Cadeau ☐

Client : _____   Prix : _____

Notation : ☆ ☆ ☆ ☆ ☆

Conseils : _____
_____
_____

Attachez l'image ici

Notes :

Projet N° :   Date : _____

Oeuvre :
   plateau ☐   bijoux ☐   autre : _____

Ravitaillement : _____

_____

Marque de résine : _____

Rapport de mélange : _____   A : ....   B : ....

Dimensions du projet :   Epaisseur : ....

longueur : ....   Largeur : ....   (diamètre) : ....

Le volume de mon projet : _____

La quantité de résine dont vous aurez besoin : _____

Ce que j'ai fait avec le projet fini :

vendu ☐   gardé ☐   Cadeau ☐

Client : _____   Prix : _____

Notation : ☆ ☆ ☆ ☆ ☆

Conseils : _____
_____
_____

Attachez l'image ici

Notes :

Projet N° :   Date : _____

Oeuvre:
   plateau ☐   bijoux ☐   autre : _____

Ravitaillement: _____

_____

Marque de résine : _____

Rapport de mélange : _____   A : ......   B : ......

Dimensions du projet :   Epaisseur : ....

longueur : ....   Largeur : ....   (diamètre) : ....

Le volume de mon projet : _____

La quantité de résine dont vous aurez besoin : _____

Ce que j'ai fait avec le projet fini :

vendu ☐   gardé ☐   Cadeau ☐

Client : _____   Prix : _____

Notation : ☆ ☆ ☆ ☆ ☆

Conseils : _____

_____

_____

Attachez l'image ici

Notes :

Projet N° : Date : _____

Oeuvre : plateau ☐ bijoux ☐ autre : _____

Ravitaillement : _____

_____

Marque de résine : _____

Rapport de mélange : _____   A : ....   B : ....

Dimensions du projet :   Epaisseur : ....

longueur : ....   Largeur : ....   (diamètre) : ....

Le volume de mon projet : _____

La quantité de résine dont vous aurez besoin : _____

Ce que j'ai fait avec le projet fini :

vendu ☐   gardé ☐   Cadeau ☐

Client : _____   Prix : _____

Notation : ☆ ☆ ☆ ☆ ☆

Conseils : _____

_____
_____

Attachez l'image ici

Notes :

Projet N° :   Date : _____

Oeuvre :
   plateau ☐   bijoux ☐   autre : _____

Ravitaillement : _____

_____

Marque de résine : _____

Rapport de mélange : _____   A : ......   B : ......

Dimensions du projet :   Epaisseur : ......

longueur : ......   Largeur : ......   (diamètre) : ......

Le volume de mon projet : _____

La quantité de résine dont vous aurez besoin : _____

Ce que j'ai fait avec le projet fini :

vendu ☐   gardé ☐   Cadeau ☐

Client : _____   Prix : _____

Notation : ☆ ☆ ☆ ☆ ☆

Conseils : _____

_____

_____

Attachez l'image ici

Notes :

Projet N° :   Date : _____

Oeuvre :
     plateau ☐   bijoux ☐   autre : _____

Ravitaillement : _____

_____

Marque de résine : _____

Rapport de mélange : _____   A : ....   B : ....

Dimensions du projet :   Epaisseur : ....

longueur : ....   Largeur : ....   (diamètre) : ....

Le volume de mon projet : _____

La quantité de résine dont vous aurez besoin : _____

Ce que j'ai fait avec le projet fini :

vendu ☐   gardé ☐   Cadeau ☐

Client : _____   Prix : _____

Notation : ☆ ☆ ☆ ☆ ☆

Conseils : _____

_____

_____

Attachez l'image ici

Notes :

Projet N° : Date : _____

Oeuvre :
plateau ☐   bijoux ☐   autre : _____

Ravitaillement : _____

_____

Marque de résine : _____

Rapport de mélange : _____   A : ......   B : ......

Dimensions du projet :   Epaisseur : ......

longueur : ......   Largeur : ......   (diamètre) : ......

Le volume de mon projet : _____

La quantité de résine dont vous aurez besoin : _____

Ce que j'ai fait avec le projet fini :

vendu ☐   gardé ☐   Cadeau ☐

Client : _____   Prix : _____

Notation : ☆ ☆ ☆ ☆ ☆

Conseils : _____

_____

_____

Attachez l'image ici

Notes :

Projet N° : Date : _____

Oeuvre :
   plateau ☐   bijoux ☐   autre : _____

Ravitaillement : _____

_____

Marque de résine : _____

Rapport de mélange : _____   A : ……   B : ……

Dimensions du projet :   Epaisseur : ……

longueur : ……   Largeur : ……   (diamètre) : ……

Le volume de mon projet : _____

La quantité de résine dont vous aurez besoin : _____

Ce que j'ai fait avec le projet fini :

vendu ☐   gardé ☐   Cadeau ☐

Client : _____   Prix : _____

Notation : ☆ ☆ ☆ ☆ ☆

Conseils : _____

_____

_____

Attachez l'image ici

Notes :

Projet N° :   Date : _____

Oeuvre :   plateau ☐   bijoux ☐   autre : _____

Ravitaillement : _____

_____

Marque de résine : _____

Rapport de mélange : _____   A : ....   B : ....

Dimensions du projet :   Epaisseur : ....

longueur : ....   Largeur : ....   (diamètre) : ....

Le volume de mon projet : _____

La quantité de résine dont vous aurez besoin : _____

Ce que j'ai fait avec le projet fini :

vendu ☐   gardé ☐   Cadeau ☐

Client : _____   Prix : _____

Notation : ☆ ☆ ☆ ☆ ☆

Conseils : _____

_____

_____

Attachez l'image ici

Notes :

Projet N° : Date : _____

Oeuvre :
    plateau ☐   bijoux ☐   autre : _____

Ravitaillement : _____

Marque de résine : _____

Rapport de mélange : _____ A : .... B : ....

Dimensions du projet :   Epaisseur : ....

longueur : ....   Largeur : ....   (diamètre) : ....

Le volume de mon projet : _____

La quantité de résine dont vous aurez besoin : _____

Ce que j'ai fait avec le projet fini :

vendu ☐   gardé ☐   Cadeau ☐

Client : _____   Prix : _____

Notation : ☆ ☆ ☆ ☆ ☆

Conseils : _____
_____
_____

Attachez l'image ici

Notes :

Projet N° :   Date : _____

Oeuvre :
    plateau ☐   bijoux ☐   autre : _____

Ravitaillement : _____
_____

Marque de résine : _____

Rapport de mélange : _____   A : ....   B : ....

Dimensions du projet :   Épaisseur : ....

longueur : ....   Largeur : ....   (diamètre) : ....

Le volume de mon projet : _____

La quantité de résine dont vous aurez besoin : _____

Ce que j'ai fait avec le projet fini :

vendu ☐   gardé ☐   Cadeau ☐

Client : _____   Prix : _____

Notation : ☆ ☆ ☆ ☆ ☆

Conseils : _____
_____
_____

Attachez l'image ici

Notes :

Projet N° : Date : _____

Oeuvre :
plateau ☐   bijoux ☐   autre : _____

Ravitaillement : _____

_____

Marque de résine : _____

Rapport de mélange : _____   A : ......   B : ......

Dimensions du projet :   Epaisseur : ......

longueur : ......   Largeur : ......   (diamètre) : ......

Le volume de mon projet : _____

La quantité de résine dont vous aurez besoin : _____

Ce que j'ai fait avec le projet fini :

vendu ☐   gardé ☐   Cadeau ☐

Client : _____   Prix : _____

Notation : ☆ ☆ ☆ ☆ ☆

Conseils : _____

_____

_____

Attachez l'image ici

Notes :

Projet N° :   Date : _____

Oeuvre :
plateau ☐   bijoux ☐   autre : _____

Ravitaillement : _____
_____

Marque de résine : _____

Rapport de mélange : _____   A : ......   B : ......

Dimensions du projet :   Epaisseur : ....

longueur : ....   Largeur : ....   (diamètre) : ....

Le volume de mon projet : _____

La quantité de résine dont vous aurez besoin : _____

Ce que j'ai fait avec le projet fini :

vendu ☐   gardé ☐   Cadeau ☐

Client : _____   Prix : _____

Notation : ☆ ☆ ☆ ☆ ☆

Conseils : _____
_____
_____

Attachez l'image ici

Notes :

Projet N° :   Date : _____

Oeuvre :   plateau ☐   bijoux ☐   autre : _____

Ravitaillement : _____

_____

Marque de résine : _____

Rapport de mélange : _____   A : .....   B : .....

Dimensions du projet :   Epaisseur : .....

longueur : .....   Largeur : .....   (diamètre) : .....

Le volume de mon projet : _____

La quantité de résine dont vous aurez besoin : _____

Ce que j'ai fait avec le projet fini :

vendu ☐   gardé ☐   Cadeau ☐

Client : _____   Prix : _____

Notation : ☆ ☆ ☆ ☆ ☆

Conseils : _____

_____

_____

Attachez l'image ici

Notes :

Projet N° :   Date : _____

Oeuvre :
    plateau ☐   bijoux ☐   autre : _____

Ravitaillement : _____
_____

Marque de résine : _____

Rapport de mélange : _____   A : ......   B : ......

Dimensions du projet :   Epaisseur : ......

longueur : ......   Largeur : ......   (diamètre) : ......

Le volume de mon projet : _____

La quantité de résine dont vous aurez besoin : _____

Ce que j'ai fait avec le projet fini :

vendu ☐   gardé ☐   Cadeau ☐

Client : _____   Prix : _____

Notation : ☆ ☆ ☆ ☆ ☆

Conseils : _____
_____
_____

Attachez l'image ici

Notes :

Projet N° : ☐   Date : _____

Oeuvre : plateau ☐   bijoux ☐   autre : _____

Ravitaillement : _____

_____

Marque de résine : _____

Rapport de mélange : _____   A : ......   B : ......

Dimensions du projet :   Epaisseur : ......

longueur : ......   Largeur : ......   (diamètre) : ......

Le volume de mon projet : _____

La quantité de résine dont vous aurez besoin : _____

Ce que j'ai fait avec le projet fini :

vendu ☐   gardé ☐   Cadeau ☐

Client : _____   Prix : _____

Notation : ☆ ☆ ☆ ☆ ☆

Conseils : _____
_____
_____

Attachez l'image ici

Notes :

Projet N° : Date : _____

Oeuvre :
plateau ☐   bijoux ☐   autre : _____

Ravitaillement : _____
_____

Marque de résine : _____

Rapport de mélange : _____   A : ....   B : ....

Dimensions du projet :   Epaisseur : ....

longueur : ....   Largeur : ....   (diamètre) : ....

Le volume de mon projet : _____

La quantité de résine dont vous aurez besoin : _____

Ce que j'ai fait avec le projet fini :

vendu ☐   gardé ☐   Cadeau ☐

Client : _____   Prix : _____

Notation : ☆ ☆ ☆ ☆ ☆

Conseils : _____
_____
_____

Attachez l'image ici

Notes :

Projet N° :   Date : _____

Oeuvre :
    plateau ☐   bijoux ☐   autre : _____

Ravitaillement : _____

_____

Marque de résine : _____

Rapport de mélange : _____   A : ....   B : ....

Dimensions du projet :   Épaisseur : ....

longueur : ....   Largeur : ....   (diamètre) : ....

Le volume de mon projet : _____

La quantité de résine dont vous aurez besoin : _____

Ce que j'ai fait avec le projet fini :

vendu ☐   gardé ☐   Cadeau ☐

Client : _____   Prix : _____

Notation : ☆ ☆ ☆ ☆ ☆

Conseils : _____

_____

_____

Attachez l'image ici

Notes :

Projet N° :   Date : _____

Oeuvre : plateau ☐   bijoux ☐   autre : _____

Ravitaillement : _____

Marque de résine : _____

Rapport de mélange : _____   A : ......   B : ......

Dimensions du projet :   Epaisseur : ......

longueur : ......   Largeur : ......   (diamètre) : ......

Le volume de mon projet : _____

La quantité de résine dont vous aurez besoin : _____

Ce que j'ai fait avec le projet fini :

vendu ☐   gardé ☐   Cadeau ☐

Client : _____   Prix : _____

Notation : ☆ ☆ ☆ ☆ ☆

Conseils : _____
_____
_____

Attachez l'image ici

Notes :

Projet N° :   Date : _____

Oeuvre :   plateau ☐   bijoux ☐   autre : _____

Ravitaillement : _____

_____

Marque de résine : _____

Rapport de mélange : _____   A : ......   B : ......

Dimensions du projet :   Epaisseur : ....

longueur : ....   Largeur : ....   (diamètre) : ....

Le volume de mon projet : _____

La quantité de résine dont vous aurez besoin : _____

Ce que j'ai fait avec le projet fini :

vendu ☐   gardé ☐   Cadeau ☐

Client : _____   Prix : _____

Notation : ☆ ☆ ☆ ☆ ☆

Conseils : _____

_____

_____

Attachez l'image ici

Notes :

Projet N° : ☐   Date : _____

Oeuvre :
  plateau ☐   bijoux ☐   autre : _____

Ravitaillement : _____

_____

Marque de résine : _____

Rapport de mélange : _____   A : ......   B : ......

Dimensions du projet :   Epaisseur : ......

longueur : ......   Largeur : ......   (diamètre) : ......

Le volume de mon projet : _____

La quantité de résine dont vous aurez besoin : _____

Ce que j'ai fait avec le projet fini :

  vendu ☐   gardé ☐   Cadeau ☐

Client : _____   Prix : _____

Notation : ☆ ☆ ☆ ☆ ☆

Conseils : _____
_____
_____

Attachez l'image ici

Notes :

Projet N° :   Date : _____

Oeuvre :
  plateau ☐   bijoux ☐   autre : _____

Ravitaillement : _____

Marque de résine : _____

Rapport de mélange : _____   A : ......   B : ......

Dimensions du projet :   Epaisseur : ....

longueur : ....   Largeur : ....   (diamètre) : ....

Le volume de mon projet : _____

La quantité de résine dont vous aurez besoin : _____

Ce que j'ai fait avec le projet fini :

vendu ☐   gardé ☐   Cadeau ☐

Client : _____   Prix : _____

Notation : ☆ ☆ ☆ ☆ ☆

Conseils : _____
_____
_____

Attachez l'image ici

Notes :

Projet N° : ⬜ Date : _____

Oeuvre :
   plateau ☐ bijoux ☐ autre : _____

Ravitaillement : _____
_____

Marque de résine : _____

Rapport de mélange : _____ A : ...... B : ......

Dimensions du projet : Epaisseur : ......

longueur : ...... Largeur : ...... (diamètre) : ......

Le volume de mon projet : _____

La quantité de résine dont vous aurez besoin : _____

Ce que j'ai fait avec le projet fini :

vendu ☐   gardé ☐   Cadeau ☐

Client : _____   Prix : _____

Notation : ☆ ☆ ☆ ☆ ☆

Conseils : _____
_____
_____

Attachez l'image ici

Notes :

Projet N :   Date : _____

Oeuvre :
     plateau ☐   bijoux ☐   autre : _____

     Ravitaillement : _____

Marque de résine : _____

Rapport de mélange : _____   A : ....   B : ....

Dimensions du projet :   Epaisseur : ....

longueur : ....   Largeur : ....   (diamètre) : ....

Le volume de mon projet : _____

La quantité de résine dont vous aurez besoin : _____

Ce que j'ai fait avec le projet fini :

vendu ☐   gardé ☐   Cadeau ☐

Client : _____   Prix : _____

Notation : ☆ ☆ ☆ ☆ ☆

Conseils : _____
_____
_____

Attachez l'image ici

Notes :

Projet N° :   Date : _____

Oeuvre :   plateau ☐   bijoux ☐   autre : _____

Ravitaillement : _____

Marque de résine : _____

Rapport de mélange : _____   A : ......   B : ......

Dimensions du projet :   Epaisseur : ......

longueur : ......   Largeur : ......   (diamètre) : ......

Le volume de mon projet : _____

La quantité de résine dont vous aurez besoin : _____

Ce que j'ai fait avec le projet fini :

vendu ☐   gardé ☐   Cadeau ☐

Client : _____   Prix : _____

Notation : ☆ ☆ ☆ ☆ ☆

Conseils : _____
_____
_____

Attachez l'image ici

Notes :

Projet N° :   Date : _____

Oeuvre :   plateau ☐   bijoux ☐   autre : _____

Ravitaillement : _____

Marque de résine : _____

Rapport de mélange : _____   A : ......   B : ......

Dimensions du projet :   Epaisseur : ......

longueur : ......   Largeur : ......   (diamètre) : ......

Le volume de mon projet : _____

La quantité de résine dont vous aurez besoin : _____

Ce que j'ai fait avec le projet fini :

vendu ☐   gardé ☐   Cadeau ☐

Client : _____   Prix : _____

Notation : ☆ ☆ ☆ ☆ ☆

Conseils : _____
_____
_____

Attachez l'image ici

Notes :

Projet N° :   Date : _____

Oeuvre :   plateau ☐   bijoux ☐   autre : _____

Ravitaillement : _____

_____

Marque de résine : _____

Rapport de mélange : _____   A : ......   B : ......

Dimensions du projet :   Epaisseur : ......

longueur : ......   Largeur : ......   (diamètre) : ......

Le volume de mon projet : _____

La quantité de résine dont vous aurez besoin : _____

Ce que j'ai fait avec le projet fini :

vendu ☐   gardé ☐   Cadeau ☐

Client : _____   Prix : _____

Notation : ☆ ☆ ☆ ☆ ☆

Conseils : _____

_____

_____

Attachez l'image ici

Notes :

Projet N :   Date :

Oeuvre :
        plateau ☐   bijoux ☐   autre :

    Ravitaillement :

    Marque de résine :

    Rapport de mélange :   A : ......   B : ......

    Dimensions du projet :   Epaisseur : ......

    longueur : ......   Largeur : ......   (diamètre) : ......

    Le volume de mon projet :

    La quantité de résine dont vous aurez besoin :

Ce que j'ai fait avec le projet fini :

vendu ☐   gardé ☐   Cadeau ☐

Client :   Prix :

Notation : ☆ ☆ ☆ ☆ ☆

Conseils :

Attachez l'image ici

Notes :

Projet N :　　　　　　　　　　　　　Date : _____

Oeuvre :　　plateau ☐　　bijoux ☐　　autre : _____

Ravitaillement : _____
_____

Marque de résine : _____

Rapport de mélange : _____　A : ....　B : ....

Dimensions du projet :　Epaisseur : ....

longueur : ....　Largeur : ....　(diamètre) : ....

Le volume de mon projet : _____

La quantité de résine dont vous aurez besoin : _____

Ce que j'ai fait avec le projet fini :

vendu ☐　　　　gardé ☐　　　　Cadeau ☐

Client : _____　　　　Prix : _____

Notation : ☆ ☆ ☆ ☆ ☆

Conseils : _____
_____
_____

Attachez l'image ici

Notes :

Projet N° :   Date : _____

Oeuvre :
    plateau ☐   bijoux ☐   autre : _____

Ravitaillement : _____
_____

Marque de résine : _____

Rapport de mélange : _____ A : ...... B : ......

Dimensions du projet :   Epaisseur : ....

longueur : .... Largeur : .... (diamètre) : ....

Le volume de mon projet : _____

La quantité de résine dont vous aurez besoin : _____

Ce que j'ai fait avec le projet fini :

  vendu ☐   gardé ☐   Cadeau ☐

Client : _____   Prix : _____

Notation : ☆ ☆ ☆ ☆ ☆

Conseils : _____
_____
_____

Attachez l'image ici

Notes :

Projet N° : _____   Date : _____

Oeuvre :
plateau ☐   bijoux ☐   autre : _____

Ravitaillement : _____

_____

Marque de résine : _____

Rapport de mélange : _____   A : ......   B : ......

Dimensions du projet :   Epaisseur : ......

longueur : ......   Largeur : ......   (diamètre) : ......

Le volume de mon projet : _____

La quantité de résine dont vous aurez besoin : _____

Ce que j'ai fait avec le projet fini :

vendu ☐   gardé ☐   Cadeau ☐

Client : _____   Prix : _____

Notation : ☆ ☆ ☆ ☆ ☆

Conseils : _____

_____

_____

Attachez l'image ici

Notes :

Projet N° :   Date : _____

Oeuvre :   plateau ☐   bijoux ☐   autre : _____

Ravitaillement : _____

Marque de résine : _____

Rapport de mélange : _____   A : ......   B : ......

Dimensions du projet :   Epaisseur : ......

longueur : ......   Largeur : ......   (diamètre) : ......

Le volume de mon projet : _____

La quantité de résine dont vous aurez besoin : _____

Ce que j'ai fait avec le projet fini :

vendu ☐   gardé ☐   Cadeau ☐

Client : _____   Prix : _____

Notation : ☆ ☆ ☆ ☆ ☆

Conseils : _____
_____
_____

Attachez l'image ici

Notes :

Projet N° :   Date : _____

Oeuvre :

    plateau ☐   bijoux ☐   autre : _____

Ravitaillement : _____

_____

Marque de résine : _____

Rapport de mélange : _____   A : ......   B : ......

Dimensions du projet :   Epaisseur : ....

longueur : ....   Largeur : ....   (diamètre) : ....

Le volume de mon projet : _____

La quantité de résine dont vous aurez besoin : _____

Ce que j'ai fait avec le projet fini :

vendu ☐   gardé ☐   Cadeau ☐

Client : _____   Prix : _____

Notation : ☆ ☆ ☆ ☆ ☆

Conseils : _____

_____

_____

Attachez l'image ici

Notes :

Projet N° : ☐   Date : _____

Oeuvre :   plateau ☐   bijoux ☐   autre : _____

Ravitaillement : _____
_____

Marque de résine : _____

Rapport de mélange : _____   A : ......   B : ......

Dimensions du projet :   Épaisseur : ......

longueur : ......   Largeur : ......   (diamètre) : ......

Le volume de mon projet : _____

La quantité de résine dont vous aurez besoin : _____

Ce que j'ai fait avec le projet fini :

vendu ☐   gardé ☐   Cadeau ☐

Client : _____   Prix : _____

Notation : ☆ ☆ ☆ ☆ ☆

Conseils : _____
_____
_____

Attachez l'image ici

Notes :

Projet N° :   Date : _____

Oeuvre :   plateau ☐   bijoux ☐   autre : _____

Ravitaillement : _____

Marque de résine : _____

Rapport de mélange : _____   A : ......   B : ......

Dimensions du projet :   Epaisseur : ......

longueur : ......   Largeur : ......   (diamètre) : ......

Le volume de mon projet : _____

La quantité de résine dont vous aurez besoin : _____

Ce que j'ai fait avec le projet fini :

vendu ☐   gardé ☐   Cadeau ☐

Client : _____   Prix : _____

Notation : ☆ ☆ ☆ ☆ ☆

Conseils : _____
_____
_____

Attachez l'image ici

Notes :

Projet N° :   Date : _____

Oeuvre :   plateau ☐   bijoux ☐   autre : _____

Ravitaillement : _____
_____

Marque de résine : _____

Rapport de mélange : _____   A : .....   B : .....

Dimensions du projet :   Épaisseur : .....

longueur : .....   Largeur : .....   (diamètre) : .....

Le volume de mon projet : _____

La quantité de résine dont vous aurez besoin : _____

Ce que j'ai fait avec le projet fini :

vendu ☐   gardé ☐   Cadeau ☐

Client : _____   Prix : _____

Notation : ☆ ☆ ☆ ☆ ☆

Conseils : _____
_____
_____

Attachez l'image ici

Notes :

Projet N° :   Date : _____

Oeuvre :
    plateau ☐   bijoux ☐   autre : _____

Ravitaillement : _____

Marque de résine : _____

Rapport de mélange : _____   A : ......   B : ......

Dimensions du projet :   Epaisseur : ....

longueur : ....   Largeur : ....   (diamètre) : ....

Le volume de mon projet : _____

La quantité de résine dont vous aurez besoin : _____

Ce que j'ai fait avec le projet fini :

vendu ☐   gardé ☐   Cadeau ☐

Client : _____   Prix : _____

Notation : ☆ ☆ ☆ ☆ ☆

Conseils : _____
_____
_____

Attachez l'image ici

Notes :

Printed in France by Amazon
Brétigny-sur-Orge, FR